LOCUS

LOCUS

LOCUS

LOCUS

94歲老媽對68歲兒子的叮嚀

隆納德媽媽這麼說

Mother Ronald's Twelve Prescriptions

smile 29

隆納德媽媽這麼說

——94歲老媽對68歲兒子的叮嚀

Robert J. Ronald／文

蔡志忠／圖

王平原／譯

責任編輯：韓秀玫　　美術編輯：何萍萍
法律顧問：全理律師事務所董安丹律師
出版者：大塊文化出版股份有限公司
台北市105南京東路四段25號11樓
讀者服務專線：080-006689
TEL：(02) 87123898　　FAX：(02) 87123897
郵撥帳號：18955675
戶名：大塊文化出版股份有限公司
e-mail:locus@locus.com.tw
行政院新聞局局版北市業字第706號

總經銷：北城圖書有限公司
地址：台北縣三重市大智路139號
TEL：(02) 29818089 (代表號)
FAX：(02) 29883028　9813049
初版一刷：2000年3月
定價：新台幣120元
ISBN 957-0316-07-1

Printed in Taiwan

目 錄

隆納德媽媽，今年94歲。

她自己一個人
住在加州的小鎮上，
說是一個人，其實也沒那麼孤單。
她的小兒子、兒媳婦、孫子、孫女們就住在隔街不
遠處。

每天早上，
隆納德媽媽會到公園裡散步。

看到花開、看到麻雀，
她都會停下來說說話。
偶爾抬頭見到飛機掃過青空留下的雲線，
她會很專注的盯著瞧。
這時候，鄰居們都知道，老太太又在想念大兒子了。

七十年前，她才23歲。

還是年輕、漂亮的速記小姐，
她和同事隆納德相戀。
他來自紐約，是麵包師之子；
她家世代務農，從未離開過加州。
25歲那年，她成為隆納德太太，還是住在加州。

婚後生了兩個小壯丁。

這兩兄弟從小感情就很好，老大照顧老二，
除了偶爾調皮搗蛋，兩人就像天使一般。
隆納德媽媽愛極了他們。

幾十年轉眼過去。

現在，兒子長大了，孫子都快結婚了；
各人頭上一片天，
可是，隆納德媽媽還是愛操心，
特別是住在國外的大兒子，隆納德媽媽最不放心。

在台灣，每天早晨，
石牌天主堂都會出現一位神父。

神父坐著電動輪椅往榮民總醫院方向駛去，
他是劉建仁神父，任職於復建部門。
劉神父來自加州，
英文名字叫隆納德（Robert J. Ronald）

民國47年，劉神父來台灣傳教、學習中文。

有一天突然高燒不退，這一次病得不輕，
他被送回美國治療，診斷出是小兒麻痺，
從此無法走路。

劉神父病中，母親到醫院來照顧他。

take care！

那是隆納德媽媽第一次離開加州。
在信仰力量與隆納德媽媽的支持下，
劉神父坐上輪椅，再度回到台灣，
繼續他的傳教生涯。

隆納德媽媽非常瞭解她的大兒子。

這孩子從小活潑好動，
還記得10歲那年，他帶著8歲大的弟弟去釣魚，
早上出門，傍晚拎回三條半身高的魚。
那是大人都難做到的事。

小隆納德愛好戶外運動。
就學期間就已經是
各項運動競賽的常勝軍。

現在，雙腿不能自由行動，
隆納德媽媽明白兒子的心情，
但是她更清楚兒子的使命。

隆納德媽媽心裡想:
大兒子與小兒子選擇的人生道路
完全不同。

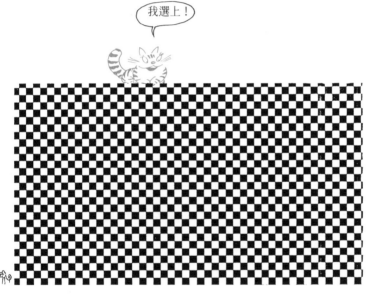

我選上!

我選右!

小兒子只要平安過一生就足夠，
這倒也簡單。
大兒子就比較難，
如今不能跑，不能跳，
怎麼辦？

劉神父的苦難其實還沒結束。

在台灣傳教，他又遇到一次意外──發生車禍，
結果是少了一條腿。

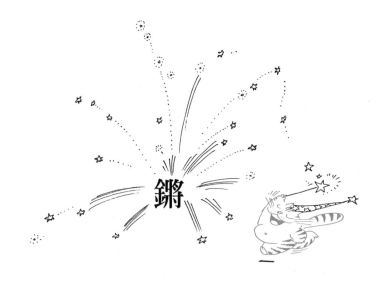

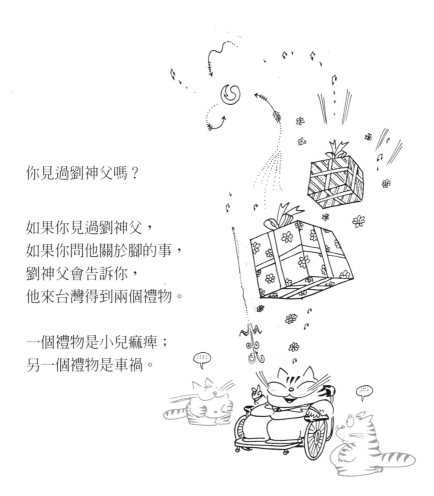

你見過劉神父嗎？

如果你見過劉神父，
如果你問他關於腳的事，
劉神父會告訴你，
他來台灣得到兩個禮物。

一個禮物是小兒麻痺；
另一個禮物是車禍。

現在，
隆納德媽媽想到如何幫助大兒子了。

劉神父今年68歲，
她決定送他12句話，
希望他時時警惕，
日日精進。

隆納德媽媽每個周末會和劉神父通電話。

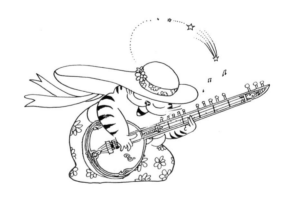

劉神父把媽媽的叮嚀寫下來，
完成這本簡單的小書。

我們稱她作——

隆納德媽媽這麼說

Mother Ronald's Twelve Prescriptions

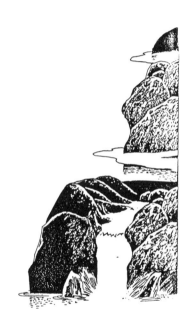

這本書，是一位94歲老媽媽對68歲兒子叮嚀的12句
話，裡面有她的愛心和智慧。
在此，要和大家分享。

How to Win While You're Losing
and Stay Young While You're Growing Old

你就要輸了，怎樣才能贏？
你日漸老去，怎樣才能長保年輕？

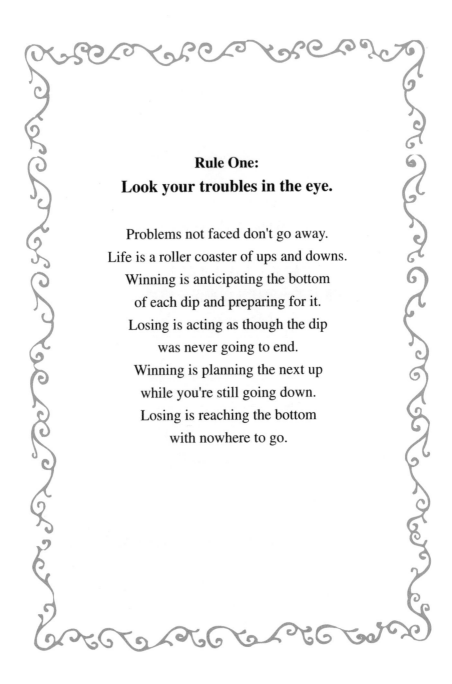

Rule One:
Look your troubles in the eye.

Problems not faced don't go away.
Life is a roller coaster of ups and downs.
Winning is anticipating the bottom
of each dip and preparing for it.
Losing is acting as though the dip
was never going to end.
Winning is planning the next up
while you're still going down.
Losing is reaching the bottom
with nowhere to go.

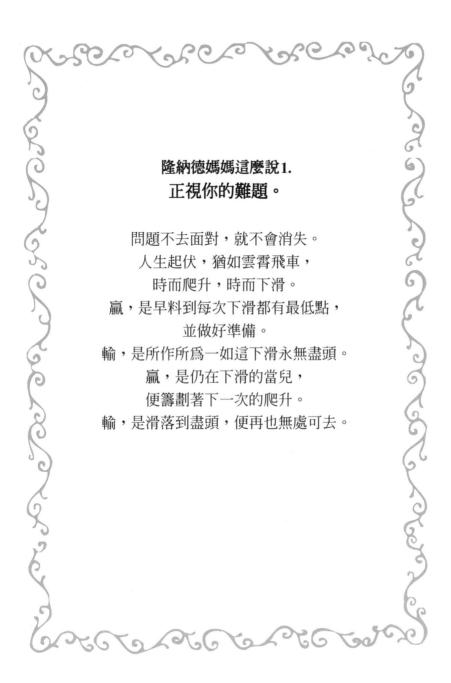

隆納德媽媽這麼說1.
正視你的難題。

問題不去面對，就不會消失。
人生起伏，猶如雲霄飛車，
時而爬升，時而下滑。
贏，是早料到每次下滑都有最低點，
並做好準備。
輸，是所作所為一如這下滑永無盡頭。
贏，是仍在下滑的當兒，
便籌劃著下一次的爬升。
輸，是滑落到盡頭，便再也無處可去。

贏的方程式：下坡時當做上坡的衝刺動力；
上坡時以動量換取高度的爬昇力
「動能轉換位能；位能轉換動能；
能量轉換動量；動量轉換能量」
充分運用宇宙中的慣性定律與能量不滅的原
理，就是贏的方程式。

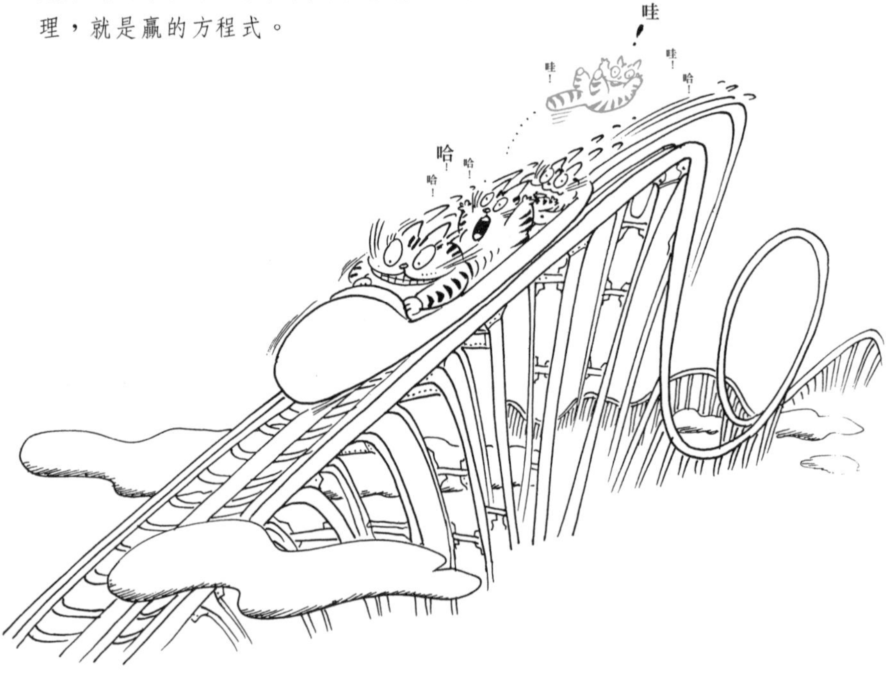

- 人生起伏，猶如雲霄飛車，時高，時低；時落，時起。
- 要去享受這上下波動的樂趣，而不是心境隨之高亢、
  沮喪、歡欣、憂懼。
- 去面對它，並借助它的衝力躍昇自己，而不是瞋怒不滿或
  恐懼。

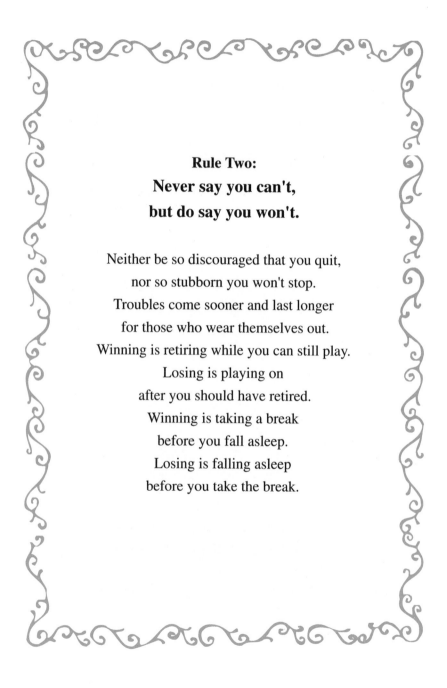

Rule Two:
Never say you can't,
but do say you won't.

Neither be so discouraged that you quit,
nor so stubborn you won't stop.
Troubles come sooner and last longer
for those who wear themselves out.
Winning is retiring while you can still play.
Losing is playing on
after you should have retired.
Winning is taking a break
before you fall asleep.
Losing is falling asleep
before you take the break.

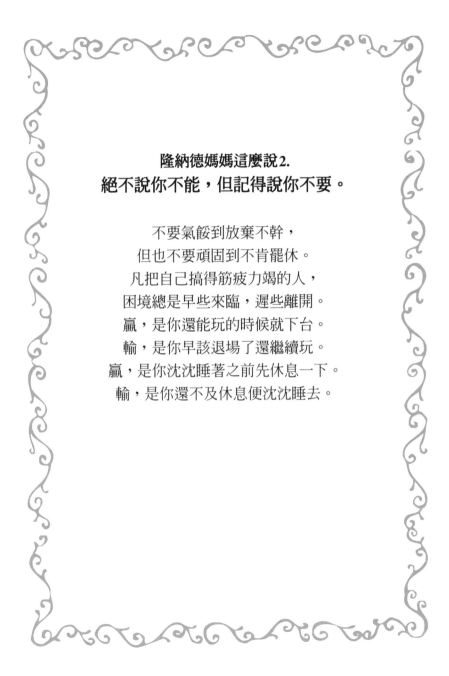

隆納德媽媽這麼說2.
絕不說你不能，但記得說你不要。

不要氣餒到放棄不幹，
但也不要頑固到不肯罷休。
凡把自己搞得筋疲力竭的人，
困境總是早些來臨，遲些離開。
贏，是你還能玩的時候就下台。
輸，是你早該退場了還繼續玩。
贏，是你沈沈睡著之前先休息一下。
輸，是你還不及休息便沈沈睡去。

・絕不說你不能，
　但記得要說你不要！

我絕對不是
沒有能力考100分，
是我不要考100分的。

因為我知道，真正學會所學的功課，
比考100分重要！
因為我知道會說、會笑、會玩、會跳，能如實
的過著童年的生活，
比只會考100分重要。

．不要因疲憊氣餒而輕易放棄。

．也不要過於頑固堅持，力氣用過了頭，還不懂得放鬆自己。

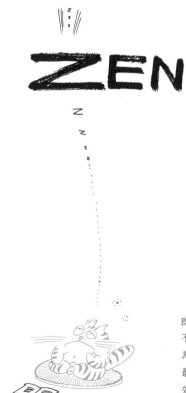

既然在打盹，何不趁機打坐？因為這時的 α 腦波最強，打坐最有效果。

Rule Three:
For what you no longer do substitute
something else.

There is nothing more refreshing
than a good nap,
so long as it's followed by waking up.
Winning is being able to slow down
without stopping.
Losing is stopping rather than slowing down.
Winning is finding things to keep you alert
and life pleasant.
Losing is doing nothing.

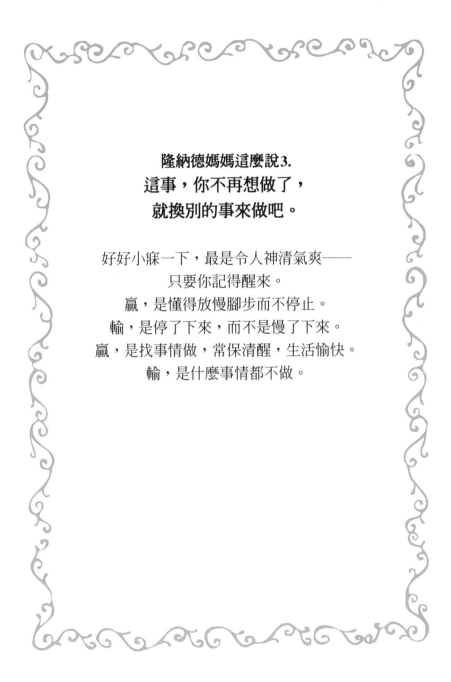

隆納德媽媽這麼說 3.
這事，你不再想做了，
就換別的事來做吧。

好好小寐一下，最是令人神清氣爽——
只要你記得醒來。
贏，是懂得放慢腳步而不停止。
輸，是停了下來，而不是慢了下來。
贏，是找事情做，常保清醒，生活愉快。
輸，是什麼事情都不做。

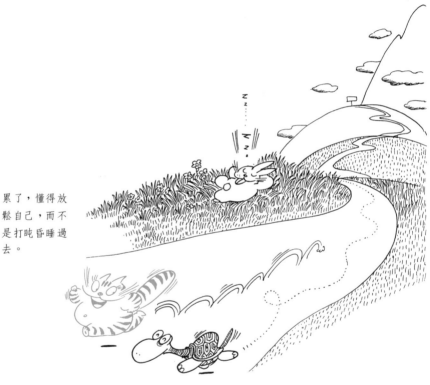

累了，懂得放鬆自己，而不是打盹昏睡過去。

倦了，懂得放慢腳步，而不是完全停下來。

· 放慢你的腳步，而不是完全的靜止停駐。

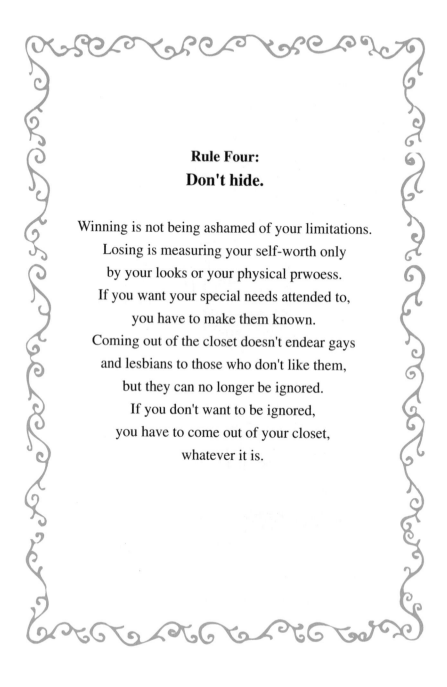

Rule Four:
Don't hide.

Winning is not being ashamed of your limitations.
Losing is measuring your self-worth only
by your looks or your physical prwoess.
If you want your special needs attended to,
you have to make them known.
Coming out of the closet doesn't endear gays
and lesbians to those who don't like them,
but they can no longer be ignored.
If you don't want to be ignored,
you have to come out of your closet,
whatever it is.

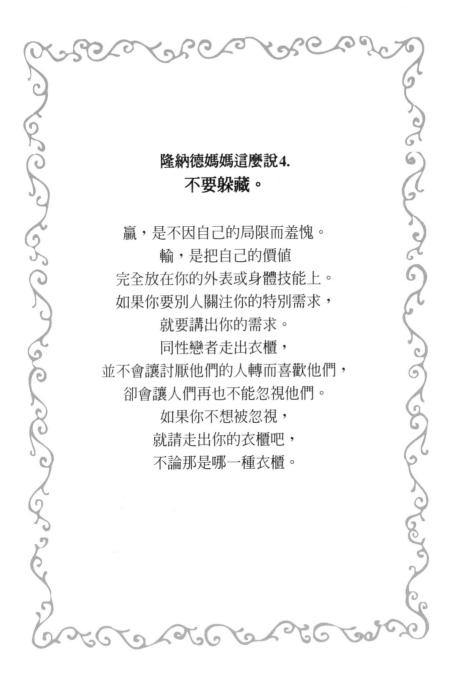

隆納德媽媽這麼說4.
不要躲藏。

贏，是不因自己的局限而羞愧。
輸，是把自己的價值
完全放在你的外表或身體技能上。
如果你要別人關注你的特別需求，
就要講出你的需求。
同性戀者走出衣櫃，
並不會讓討厭他們的人轉而喜歡他們，
卻會讓人們再也不能忽視他們。
如果你不想被忽視，
就請走出你的衣櫃吧，
不論那是哪一種衣櫃。

· 完整的保有自己本質……
· 但，不是為自己造個櫃子躲進去裡面，自我封閉。

請勿打擾

請勿打擾

出來吧！不要為自己造一個櫃子，
躲進去封閉自己，
不要隨便找個缸，躲進裡面自閉！

閉關打禪七，
而不是自閉

請勿打擾

Rule Five:

Claim your rights and privileges.

The right to eat more, the privilege of resting
and pacing your activities,
the right to assistance,
the privilege of cutting back on your work.
Diehard vegetarians are so adam
ant about what they think is best for them;
they have absolutely no shame
or hesitation insisting on their special diets
even when surrounded
by non-vegetarians who scoff at them.
You need to learn from them and stand up
for what you believe is best for you.
"Hi there. Here's what I require
for my health and strength.
And I won't take anything more or less.
Thank you."

隆納德媽媽這麼說5.
要堅持你的權利和自由。

多吃一點的權利，休息和調整步伐的自由，
尋求幫助的權利，減輕工作負荷的自由。
瞧，堅持素食的人是如此地堅決，
認定了什麼才是對自己最有益的食物。
即便周遭不吃素的人百般嘲弄，
他們也絕不退卻、猶疑，
非特定的食物不吃。
你應該效法他們，
捍衛你認爲對自己最有益的。

「喂，聽著！爲了我自己的健康和力氣，
這就是我所需要的。
除此之外，我什麼都不要。多謝了。」

· 要完整無礙地表達自己的個人選擇權，但不要過於挑剔。

我只吃血統良好、氣質非凡、
高智商，並充滿抱負和理想的
年輕有機上等老鼠。

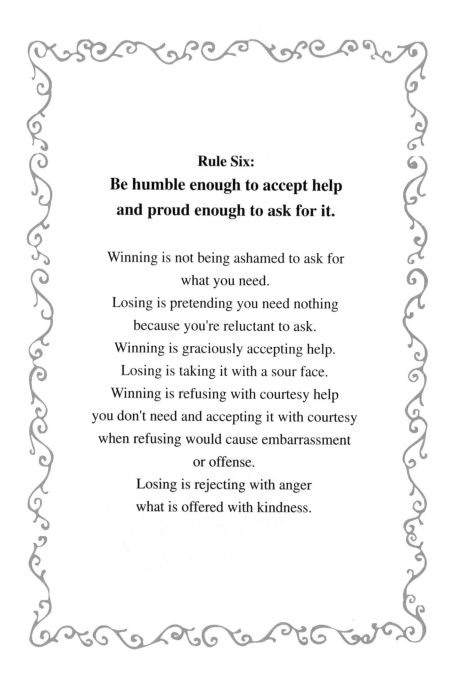

Rule Six:
Be humble enough to accept help
and proud enough to ask for it.

Winning is not being ashamed to ask for
what you need.
Losing is pretending you need nothing
because you're reluctant to ask.
Winning is graciously accepting help.
Losing is taking it with a sour face.
Winning is refusing with courtesy help
you don't need and accepting it with courtesy
when refusing would cause embarrassment
or offense.
Losing is rejecting with anger
what is offered with kindness.

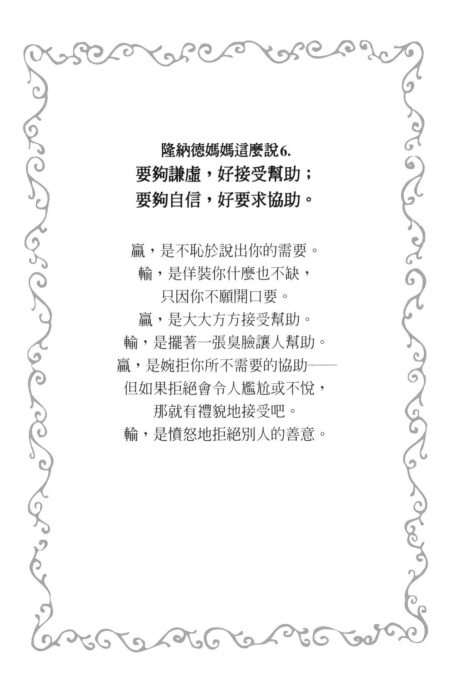

隆納德媽媽這麼說6.
要夠謙虛，好接受幫助；
要夠自信，好要求協助。

贏，是不恥於說出你的需要。
輸，是佯裝你什麼也不缺，
只因你不願開口要。
贏，是大大方方接受幫助。
輸，是擺著一張臭臉讓人幫助。
贏，是婉拒你所不需要的協助——
但如果拒絕會令人尷尬或不悅，
那就有禮貌地接受吧。
輸，是憤怒地拒絕別人的善意。

‧要勇於表達對別人的善意。

‧同時也要有勇於接受別人善意的風度。

・懷有對別人的善意，但不要內含自己的目的。

我媽媽說：別人的善意就禮貌
地接受，永遠不要拒絕別人的
好意；請接受我的好意，進來
吃點乳酪吧！

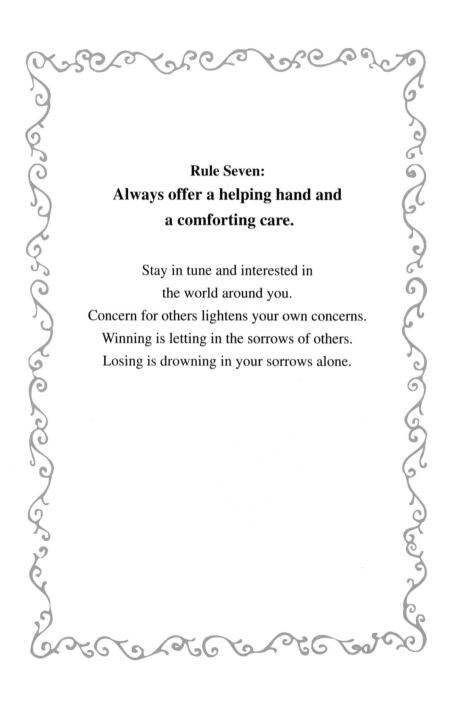

Rule Seven:
Always offer a helping hand and
a comforting care.

Stay in tune and interested in
the world around you.
Concern for others lightens your own concerns.
Winning is letting in the sorrows of others.
Losing is drowning in your sorrows alone.

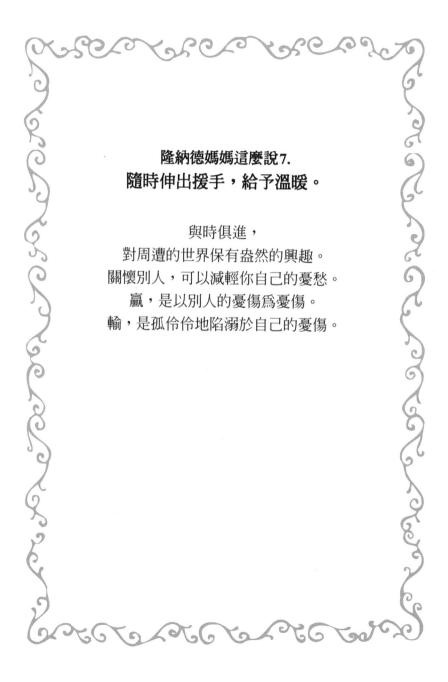

隆納德媽媽這麼說7.
隨時伸出援手，給予溫暖。

與時俱進，
對周遭的世界保有盎然的興趣。
關懷別人，可以減輕你自己的憂愁。
贏，是以別人的憂傷為憂傷。
輸，是孤伶伶地陷溺於自己的憂傷。

給予別人好處叫做慈，
為別人拔除痛苦叫做悲。
隨時伸出援手，讓歡笑的更歡笑，
天籟將因你而增高了頻輻，
讓溫暖的更溫暖，冬陽將因你而增強了熱度。
隨時關懷周遭的一切，由於你的加入，
孤獨便不會再成立；由於你的參與，
憂傷便將隨風而去。

Rule Eight:
Put anger, sadness, and regret behind you.
It's perfectly OK to feel anger
at the pain and distress of growing old.

It isn't OK to stay angry.
It's perfectly OK to mourn the closing
of chapters of your life.
It isn't OK to mourn the rest of your life.
It's perfectly OK to regret all the things you could
or should have done differently.
It isn't OK not to forgive yourself or others.
Don't let your anger today spill over into tomorrow.
Look back without regret and forward without dread.
Winning is turning your anger at the changes
in your life into energy for moving forward.
Losing is making everybody miserable
because you feel miserable.
Winning is replacing regret for
what you lost with gratitude for having had it.
Losing is being unable to say goodbye.

隆納德媽媽這麼說8.
把憤怒、哀傷，和遺憾拋在腦後吧。
年老帶來痛苦與沮喪，你當然可以憤怒；
但一直忿忿不平就不好了。

人生的一些章節業已結束，
你當然可以悼念；
但在剩餘的人生裡還哀傷就不好了。
過去應該可以做好的事沒有做好，
你當然可以為此而遺憾；
但不肯原諒自己或別人就不好了。
不要讓今日的怨怒流溢到明日。
要往後看，了無遺憾；
往前看，毫不憂懼。
贏，是把對人生無常的憤怒，
轉化成向前邁進的力量。
輸，是讓所有的人都因為你難過，
而跟著難過。
贏，是不對過往抱憾，而是對曾經感恩。
輸，是無法向過去說再見。

所有的憤怒、哀傷、
遺憾，請隨時光流去吧！
不要再存記憶中。
所有的傷心過往，
請隨風去吧！
再見啦！
千萬不要再回來！

人沒有在歡樂的公共場所
公然憂傷的權利，
因為
他會使別人的歡樂
大打折扣。

Rule Nine:
Always look for the bright side.

Winning and losing are two sides of the same coin.
No matter which side lands up the other is still there
waiting to be turned over.
We win or we lose by how we interpret and react to
everything that happens.
Winning is rejoicing in what you have left.
Losing is seeing only what you lost.
Winning is being glad
that each dollar you spend brings you
something you didn't have.
Losing is being sad,
because you have a dollar less.

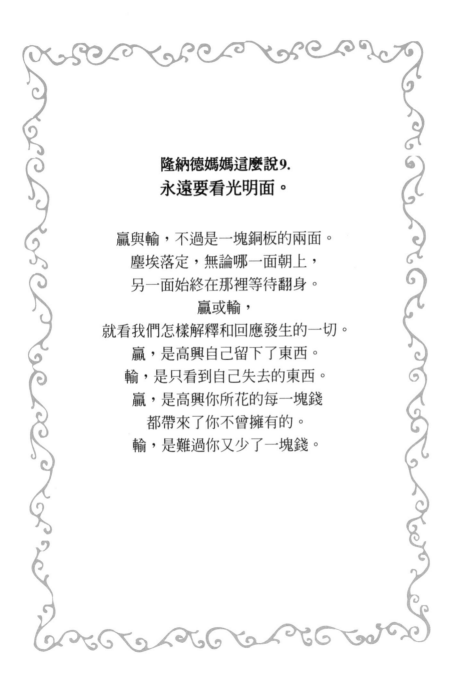

隆納德媽媽這麼說9.
永遠要看光明面。

贏與輸，不過是一塊銅板的兩面。
塵埃落定，無論哪一面朝上，
另一面始終在那裡等待翻身。
贏或輸，
就看我們怎樣解釋和回應發生的一切。
贏，是高興自己留下了東西。
輸，是只看到自己失去的東西。
贏，是高興你所花的每一塊錢
都帶來了你不曾擁有的。
輸，是難過你又少了一塊錢。

・看事要要看光明面。

・多説好話、多做好事。

只要是錢幣，
就算只是區區的一分錢，
它的正負兩面，
任何一面都會是光明面。

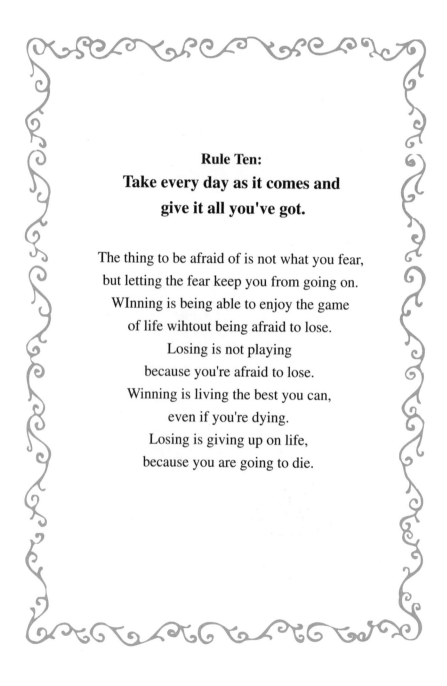

Rule Ten:
Take every day as it comes and
give it all you've got.

The thing to be afraid of is not what you fear,
but letting the fear keep you from going on.
WInning is being able to enjoy the game
of life wihtout being afraid to lose.
Losing is not playing
because you're afraid to lose.
Winning is living the best you can,
even if you're dying.
Losing is giving up on life,
because you are going to die.

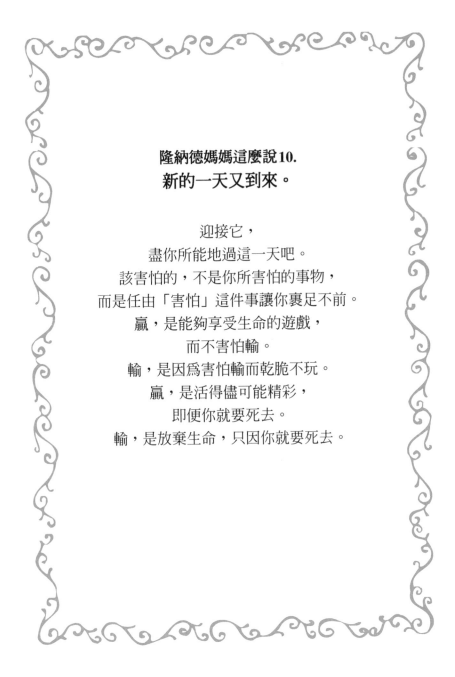

隆納德媽媽這麼說10.
新的一天又到來。

迎接它，
盡你所能地過這一天吧。
該害怕的，不是你所害怕的事物，
而是任由「害怕」這件事讓你裹足不前。
贏，是能夠享受生命的遊戲，
而不害怕輸。
輸，是因為害怕輸而乾脆不玩。
贏，是活得盡可能精彩，
即便你就要死去。
輸，是放棄生命，只因你就要死去。

‧要放得下。

‧同時也要輸得起。

行動，
是因為自己願意，坦然地面對，
接受挑戰，而不是由於內在的恐
懼與外在的鼓勵。
不做，
是因為自己不想，
而不是由於害怕；
做，
是因為自己很想，
而不是因為別人都在做。

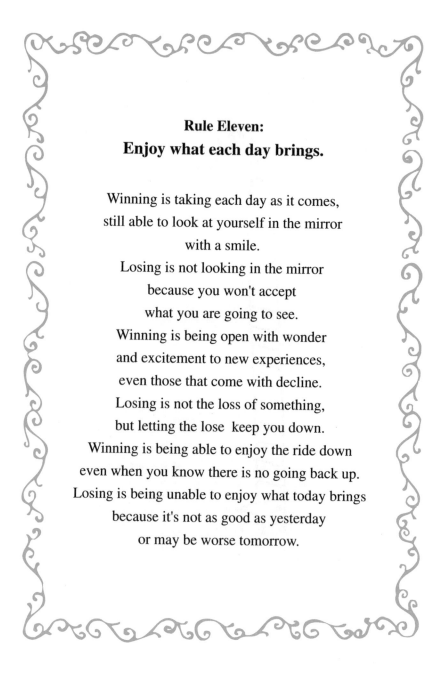

Rule Eleven:
Enjoy what each day brings.

Winning is taking each day as it comes,
still able to look at yourself in the mirror
with a smile.
Losing is not looking in the mirror
because you won't accept
what you are going to see.
Winning is being open with wonder
and excitement to new experiences,
even those that come with decline.
Losing is not the loss of something,
but letting the lose keep you down.
Winning is being able to enjoy the ride down
even when you know there is no going back up.
Losing is being unable to enjoy what today brings
because it's not as good as yesterday
or may be worse tomorrow.

隆納德媽媽這麼說11.
每一天都會帶來新的事物，
好生享受吧。

贏，是接受每一天的到來，
而且能夠面帶微笑，看著鏡中的自己。
輸，是拒看鏡中人，
因為你不願接受將會看到的。
贏，是滿懷驚喜和興奮，
向新的經驗開放，
包括伴隨著衰老而來的新經驗。
輸，並不是失落了什麼，
而是讓失落使你灰心喪志。
贏，是能夠欣賞下滑的旅程，
即便你知道再也不能回到高處。
輸，是無法享受今天的一切，
因為這一切沒有昨天好，
因為明天可能更壞。

‧輕輕鬆鬆看歲月。
‧快快樂樂過生活。

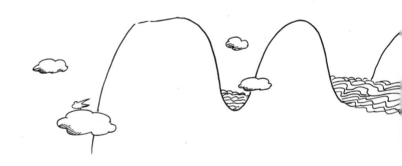

深諳生命者，
享受欣賞任何
生活中的小細節。

智者樂水！

仁者樂山！

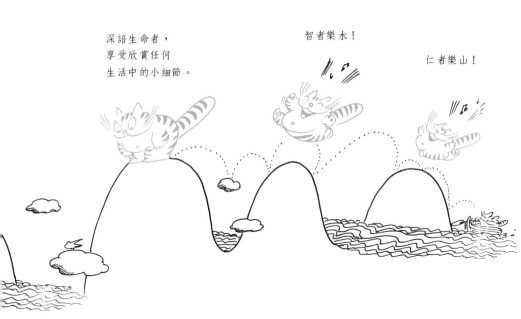

Rule Twelve:
Stir up the tiger in your tank.

For many years a gasoline company has advertised
"put a tiger in your tank".
That's exactly what you need to do:
put a tiger in your tank.
Your body will still be the same old jalopy,
but life will have more oomph and satisfaction.
Where do you get these tigers?
They are already inside you.
You just have to wake them up.
The best wake-upper is prayer to God
that gave you lifeand is still with you to help,
if you are willing to listen to Him.
The next best source of tiger-power
is a good friend or companion.

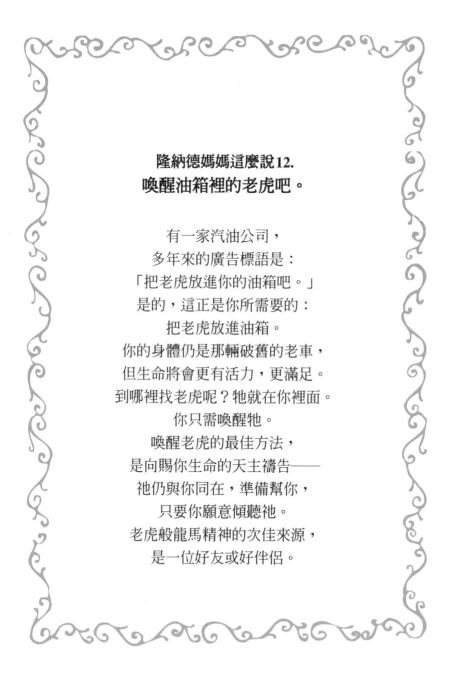

隆納德媽媽這麼說12.
喚醒油箱裡的老虎吧。

有一家汽油公司，
多年來的廣告標語是：
「把老虎放進你的油箱吧。」
是的，這正是你所需要的：
把老虎放進油箱。
你的身體仍是那輛破舊的老車，
但生命將會更有活力，更滿足。
到哪裡找老虎呢？牠就在你裡面。
你只需喚醒牠。
喚醒老虎的最佳方法，
是向賜你生命的天主禱告──
祂仍與你同在，準備幫你，
只要你願意傾聽祂。
老虎般龍馬精神的次佳來源，
是一位好友或好伴侶。

體內的老虎
啊！覺醒吧！
再睡下去我怎
麼能贏呢？

Tiger Cat

變身完成！！

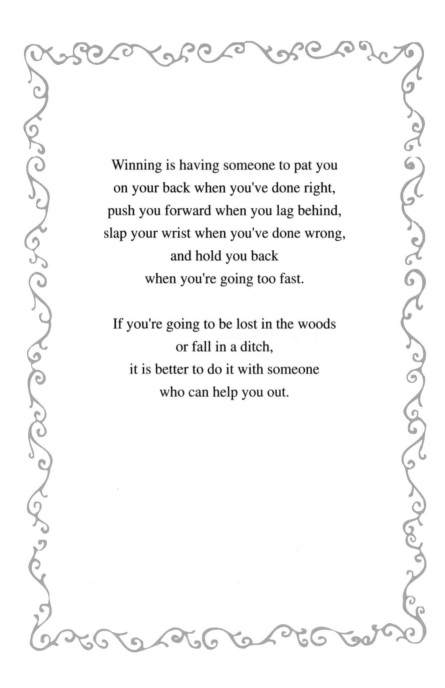

Winning is having someone to pat you
on your back when you've done right,
push you forward when you lag behind,
slap your wrist when you've done wrong,
and hold you back
when you're going too fast.

If you're going to be lost in the woods
or fall in a ditch,
it is better to do it with someone
who can help you out.

結語
贏，是做對事情時有人拍你的肩，
落後時有人推你一把，
做錯時有人刮你耳光，
太快時有人拉住你。

如果你終將迷失在森林裡，
終將掉落入深溝內，
最好是有一個能幫你脫困的人同行。

面對你的難題，
問題不去面對就不會消失。
去參與你所處的任何時空，
不融入周遭環境的一切，
就無法感受生命的美麗。
除非與內在的自己完全溝通並使內外合一，
否則就無法感受自己是一個完整的人。

・做一隻頭與身合一的貓。
・做一棵上與下協調的樹。
・當一位內與外、身與心完全一體的人。

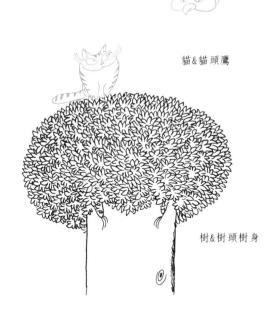

貓&貓頭鷹

樹&樹頭樹身

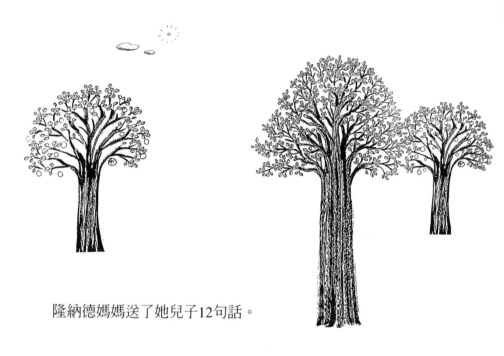

隆納德媽媽送了她兒子12句話。

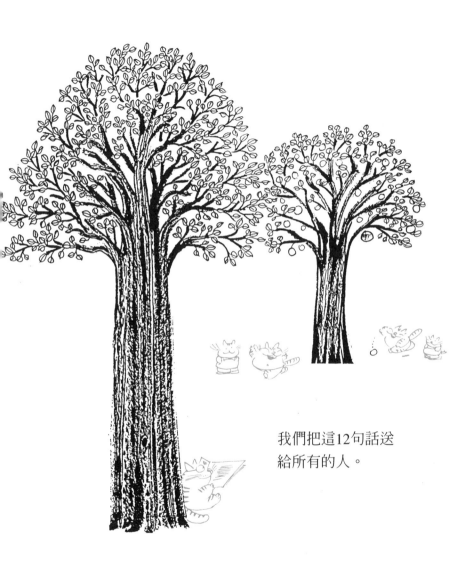

我們把這12句話送
給所有的人。

國家圖書館出版品預行編目資料

隆納德媽媽這麼說 ╱ Robert J. Ronald 文；王
平原譯；蔡志忠繪圖-- 初版-- 臺北市：
大塊文化，2000〔民 89〕
面： 公分. -- (Smile：29)
譯自：Mother Ronald's Twelve Prescriptions
ISBN 957-0316-07-1 (平裝)

1.隆納德(Ronald, Robert J.) - 傳記
2.修身

192.18　　　　　　　87001729

讀者回函卡

謝謝您購買這本書,為了加強對您的服務,請您詳細填寫本卡各欄,寄回大塊出版 (免附回郵) 即可不定期收到本公司最新的出版資訊,並享受我們提供的各種優待。

姓名:＿＿＿＿＿＿＿＿＿＿＿**身分證字號:**＿＿＿＿＿＿＿＿＿＿

住址:＿＿＿＿＿＿＿＿＿＿＿＿＿＿＿＿＿＿＿＿＿＿＿＿＿＿

聯絡電話: (O)＿＿＿＿＿＿＿＿＿＿　　(H)＿＿＿＿＿＿＿＿＿＿

出生日期:＿＿＿＿＿年＿＿＿＿月＿＿＿＿日

學歷: 1.□高中及高中以下　2.□專科與大學　3.□研究所以上

職業: 1.□學生　2.□資訊業　3.□工　4.□商　5.□服務業　6.□軍警公教
7.□自由業及專業　8.□其他＿＿＿＿＿＿

從何處得知本書: 1.□逛書店　2.□報紙廣告　3.□雜誌廣告　4.□新聞報導
5.□親友介紹　6.□公車廣告　7.□廣播節目8.□書訊　9.□廣告信函
10.□其他＿＿＿＿＿＿

您購買過我們那些系列的書:
1.□Touch系列　2.□Mark系列　3.□Smile系列　4.□catch系列

閱讀嗜好:
1.□財經　2.□企管　3.□心理　4.□勵志　5.□社會人文　6.□自然科學
7.□傳記　8.□音樂藝術　9.□文學　10.□保健　11.□漫畫　12.□其他＿＿＿

對我們的建議:＿＿＿＿＿＿＿＿＿＿＿＿＿＿＿＿＿＿＿＿＿＿＿＿
＿＿＿＿＿＿＿＿＿＿＿＿＿＿＿＿＿＿＿＿＿＿＿＿＿＿＿＿＿＿＿＿＿

大塊文化出版股份有限公司　收

地址：＿＿＿市／縣＿＿＿鄉／鎮／市／區＿＿＿路／街＿＿段＿＿巷

＿＿＿弄＿＿＿號＿＿＿樓

姓名：＿＿＿＿＿＿

請沿虛線撕下後對折裝訂寄回，謝謝！

編號：SM 29　　書名：隆納德媽媽這麼說

LOCUS

LOCUS

LOCUS

LOCUS